Volker Abrahamczik, Steffen Hauff,
Theo Kellerhaus, Stefan Küpper, Cornelia
Raible-Mayer, Hans-Otto Schlotmann

Nähe und Distanz in der (teil-)stationären Erziehungshilfe

Eine Ermutigung in Zeiten der Verunsicherung

LAMBERTUS

Bibliografische Information der Deutschen Bibliothek
Die Deutsche Nationalbibliothek verzeichnet diese Publikation in der Deutschen Nationalbibliografie; detaillierte bibliografische Daten sind im Internet über http://d-nb.ddb.de abrufbar

Umschlag: Nathalie Kupfermann, Bollschweil
Herstellung: Franz X. Stückle, Druck und Verlag Ettenheim

ISBN: 978-3-7841-2424-7
ISBN ebook: 978-3-7841- 2425-4

Inhalt

1 Zur besseren Lesbarkeit wird nur die männliche Form gewählt.

Einführung: Nähe und Distanz in der (teil)stationären Erziehungshilfe

Kinder und Jugendliche benötigen für ihre gesunde Entwicklung gelingende Beziehungen mit Körperkontakt, Zärtlichkeit, Zuwendung und Geborgenheit. Sie brauchen zwingend Nähe und Berührung. Es gehört daher ganz selbstverständlich zum Auftrag der (teil)stationären Erziehungshilfe, diese Grundbedürfnisse angemessen zu erfüllen. Dieser Auftrag scheint jedoch in Gefahr zu sein.

Ausgelöst durch die Aufdeckung von Fällen sexueller Gewalt an Kindern und Jugendlichen in Heimen und Internaten sowie durch die damit verbundene gesellschaftliche Debatte, aber auch durch die Arbeitsergebnisse der Runden Tische „Heimerziehung in den 50er und 60er Jahren" und „Sexueller Kindesmissbrauch in Abhängigkeits- und Machtverhältnissen in privaten und öffentlichen Einrichtungen und im familiären Bereich" sind umfängliche neue Präventionspapiere gegen sexuelle Gewalt in der Heimerziehung entstanden. Mittlerweile gibt es eine Reihe von Leitlinien, Handlungsanweisungen und Präventionsordnungen, z.B. vom Deutschen Caritasverband, der Bischofskonferenz oder den Diözesen, durch die (sexuelle) Gewalt in Einrichtungen verhindert werden soll.

Die Debatte hat auch zu einer Verunsicherung von Trägern, Leitungs- und Fachkräften geführt. Der pädagogische Alltag in den Einrichtungen hat sich zum Teil nachhaltig verändert. Es zeigt sich, dass viele, die in diesem schwierigen und komplexen Spannungsfeld Beziehungsarbeit leisten, irritiert sind: Sie trauen ihrem eigenen Gefühl nicht mehr und sind verunsichert, welches Maß an professioneller und menschlicher Nähe legitimiert ist. Wie viel körperliche Nähe ist noch erlaubt? Wie kann sie gelebt werden? Wie viel individuellen Spielraum hat der Einzelne, wo liegen die Grenzen? Welche (strafrechtlichen) Gefahren birgt die wünschenswerte und notwendige Nähe zu Kindern und Jugendlichen? Welchen Schutz können Institutionen Mitarbeitenden bieten?

Die Angst vor ungerechtfertigten Beschuldigungen lässt Fachkräfte vor körperlichem Kontakt zurückschrecken. Dies führt zu unbefriedigenden und zum Teil zweifelhaften Situationen, etwa wenn pädagogische Fachkräfte aufgrund von Dienstanweisungen beim Schwimmbadbesuch lediglich die Gruppe beaufsichtigen und nicht mehr selbst im Wasser mit den Kindern spielen und herumtollen dürfen.

Die Forumskonferenz III (stationäre Dienste) hat sich mit dieser Entwicklung beschäftigt. Im Rahmen einer zweitägigen Arbeitstagung mit pädagogischen Fachkräften aus vierzehn Einrichtungen der Heimerziehung im Herbst 2011 wurde sehr deutlich der Wunsch nach Unterstützung auf unterschiedlichen Ebenen formuliert: von institutionellen Richtlinien und Vorgaben über kollegiale Unterstützung und Austausch im Team bis hin zu Strukturmerkmalen, wie z.B. Ablauf- und Krisenplänen. Die Leitungsebene scheint ist gefordert, ihre Mitarbeitenden zu schützen und ihnen den Rücken zu stärken, damit diese wieder Handlungssicherheit gewinnen.

Die Forumskonferenz III möchte die Beteiligten mit dieser Broschüre ermutigen, ein gelungenes Verhältnis von Nähe und Distanz zu leben. Beschrieben wird unter anderem,

- wie wichtig körperliche Nähe für das Heranwachsen von Kindern und Jugendlichen aus entwicklungspsychologischer Sicht ist,
- welche Vorerfahrungen Kinder und Jugendliche mitbringen, die in Heimerziehung leben,
- welche alltäglichen Herausforderungen sich im pädagogischen Alltag stellen,
- welche fachlichen und persönlichen Anforderungen die Mitarbeitenden erfüllen sollten,
- wie wichtig es ist, Kinder zu stärken und
- welche Unterstützung Träger und Leitung bieten müssen.

> Auch die Verweigerung notwendiger Nähe widerspricht dem Kinderschutz!

1 Körperliche Nähe in der Entwicklung von Kindern und Jugendlichen

Aus der aktuellen wissenschaftlichen Diskussion wissen wir, dass die Grundemotionen des Menschen sich vor allem durch verbale, emotionale und körperliche Interaktion konstituieren. Deshalb benötigen Kinder und Jugendliche für ihre gesunde Entwicklung die Erfahrung von körperlicher Nähe im Alltag.

Ohne diese Nähe fällt es Kindern und Jugendlichen schwer, Bindungen einzugehen und es besteht die Gefahr, dass sie sich von sich selbst entfremden.

Das Fehlen von Begegnungen auf körperlicher Ebene führt zu einer emotionalen Verarmung, die gravierende Entwicklungsstörungen nach sich ziehen kann.

Die emotionale Entwicklung eines Kindes lässt sich nach Lohaus u.a.[2] wie folgt einteilen:

- Säuglingsalter (0 bis 1 Jahr)
- Kleinkindalter (1 bis 6 Jahre)
- Schulkindalter (7 bis 12 Jahre)
- Jugendalter (13 bis18 Jahre)

2 Arnold Lohaus/Marc Vierhaus/Asja Maass (2010): Entwicklungspsychologie des Kindes- und Jugendalters für Bachelor, Berlin: Springer

Auf jeder dieser Entwicklungsstufen müssen das Kind beziehungsweise der Heranwachsende durch verbale, emotionale und körperliche Kommunikationsprozesse nachhaltig gefördert und gefordert werden, damit Gefühle von Freude und Glück, Furcht und Angst, Wut, Ärger und Trauer wahrgenommen und authentisch ausgedrückt werden können.

Eine tragende Bindungs- und Beziehungsfähigkeit im Erwachsenenalter basiert auf einem stabilen Interaktionsmuster von physischen und psychischen Verhaltensweisen, die im Laufe der Kindheit und Jugend erlernt und vertieft werden.

Eine

> „sichere Bindung kommt zustande, wenn sich die Bezugspersonen feinfühlig darum kümmern, die Verhaltenssignale des Kindes zu beantworten. Das Kind bekommt dadurch das Gefühl, dass seine Umgebung verlässlich ist. Es fühlt sich sicher und kann daher die Bezugsperson als sichere Basis sehen, zu der es jederzeit zurückkommen kann, um seine Bedürfnisse befriedigt zu bekommen.“[3]

Jede der oben genannten Entwicklungsphasen ist durch typische soziale Interaktionsformen und Kompensationsmöglichkeiten gekennzeichnet – somit besitzt jede Phase ihre charakteristischen Besonderheiten in Bezug auf die Bindungsentwicklung.

Das Säuglingsalter

Bereits unmittelbar nach der Geburt wird durch das Auflegen des Kindes auf den Bauch der Mutter körperliche Nähe bewusst hergestellt. Dabei werden emotionale Reize über die Hautsensoren, den Geruchssinn und die Stimme aktiviert. Dieses Fürsorgesystem dient der Befriedigung von Bedürfnissen des Kindes nach Sicherheit und Nähe. Auf Entbindungsstationen finden diese intensiven ersten Körperkontakte immer häufiger auch zwischen Vater und neugeborenem Kind statt.

3 Ebd., S. 96 ff.

Der intensive körperliche Kontakt zwischen Eltern und Kind bildet die Grundlage für die erste sozial-emotionale Bindung des Neugeborenen – und wird später in vielfältigen Alltagssituationen reinszeniert. In diesen Situationen zeigt das Kind Verhaltensweisen, die sich für die Erfüllung seiner Grundbedürfnisse nach Nähe und Sicherheit evolutionsbiologisch als sinnvoll erwiesen haben: Weinen, Lächeln, Blickkontakt und frühkindliche Imitation.

- Weint das Kind, nehme ich es in den Arm und tröste es.
- Hat das Kind Hunger, nehme ich es auf den Arm und füttere es.
- Empfindet das Kind Angst, nehme ich es in den Arm und vermittle ihm Sicherheit.

Schon lange vor dem Beginn der sprachlichen Kommunikation bestimmen intuitive Verhaltensweisen der Bezugspersonen die lebenslange Bindungsqualität eines Kindes, sein Urvertrauen: Es erfährt, dass Nähe und Verlässlichkeit in der Bindung zu seinen Bezugspersonen die Erfüllung seiner Grundbedürfnisse sichern.

Die emotionale und soziale Entwicklung eines Kindes wird in dieser Phase somit durch grundlegende physische und psychische Handlungsmuster seiner Bezugspersonen gesteuert. Für eine gelingende Sozialisation sind diese Handlungsmuster unabdingbar.

Das Kleinkindalter

An die Stelle der frühkindlichen primären, instinktiven Verhaltensweisen treten im Kleinkindalter sekundäre, erlernte Handlungsmuster zur Sicherung der Qualität von Bindungen. Für das Kind erweitert sich in dieser Phase der Kreis bedeutsamer Personen. Die Rolle der Eltern wird ergänzt durch Großeltern, befreundete Familien, die Erzieherin in der Kindertagesbetreuung, etc.

Für das Kleinkind gewinnt die emotionale Nähe und Bindung außerhalb des Elternhauses an Bedeutung. Mit der Erweiterung seines sozialen Interaktionsraums erlernt es bisher unbekannte Verknüpfungen von

Reaktionen und Gefühlen. Erlernte Verhaltensmuster werden erweitert, neue Bewertungen kommen hinzu. Es vollzieht sich ein Wechsel von vorrangig interpersonalen zu intrapsychischen Regulationsmöglichkeiten. Ursachen und Folgen von Gefühlen können nun erkannt und somit auch strategisch eingesetzt werden. Das innere Erleben entkoppelt sich zunehmend vom Ausdrucksverhalten: es gelingt dem Kind zum Beispiel trotz eines enttäuschenden Geschenks ein freudiges Gesicht zu machen oder sich bewusst einem ungeliebten Begrüßungsritual zu entziehen.

Diese Erfahrungserweiterung wird durch „trotzige" Verhaltensweisen unterstützt, mit denen das Kind die Wirksamkeit seines Handelns erprobt. Es benötigt in dieser Phase die verlässliche emotionale Nähe stabiler Bezugspersonen. Das Kind braucht das Gefühl, dass es sich dieser Bindungen sicher sein kann – auch wenn es sich gerade auflehnt, tobt und schreit.

Verstehe mich, auch wenn ich dich beschimpfe!

Tröste mich, auch wenn ich mich absichtlich verletze!

Nimm mich wieder in den Arm, auch wenn ich gelogen habe!

Das Schulkindalter

Das Schulkind gewinnt durch die Erweiterung von Beziehungen an intellektueller und sozialer Kompetenz und vergrößert seinen sozialen Interaktionsradius. Der Besuch der Schule, der Eintritt in den Sportverein, das Erlernen eines Musikinstruments schaffen kontinuierlich neue Lebens- und Bindungssituationen, die auf dem Hintergrund bisheriger Erfahrungen überprüft und eingeordnet werden. Freundschaften werden geschlossen und der Umgang mit Erwachsenen wird neu definiert.

In dieser Phase wächst das Interesse des Kindes an der sachlichen Welt. Es entwickelt die Fähigkeit zur Abstraktion, lernt schlussfolgernd zu denken und verknüpft sein Erleben mit bisherigen Erfahrungen aus dem familiären Kontext.

Wichtige Fragen in dieser Phase sind:

Wer nimmt wen in den Arm?

Wie begrüßt man sich?

Wie wird mit Trauer oder Wut umgegangen?

Wer möchte wie viel körperliche Nähe / Distanz?

Das Jugendalter

In der Phase der Pubertät, des Übergangs vom Kind zum Erwachsenen, findet der Abgleich neuer Beobachtungen mit bisherigen Erfahrungen seinen Höhepunkt.

Die Peergroup und das Interesse an Partnerschaft und intimen Beziehungen gewinnen immer mehr an Bedeutung.

Verunsicherung bezüglich der eigenen Identität, verknüpft mit einer hohen Selbstreflexion, bestimmt den Alltag junger Menschen in dieser Lebensphase. Hormonelle Veränderungen verursachen ein emotionales Ungleichgewicht; die Suche nach einer tragfähigen Identität führt zu Unsicherheiten im Umgang mit anderen.

Für Eltern und begleitende Bezugspersonen besteht die Aufgabe darin, den Jugendlichen einerseits Freiheit zu gewähren, andererseits die Verlässlichkeit gewachsener emotionaler Bindungen aufrechtzuerhalten.

Gebraucht werden Erwachsene, die auf selbstverständliche Weise Sicherheit vermitteln und im Alltag mit den jungen Menschen Nähe und Distanz permanent überprüfen, anpassen und individuell leben.

Kinder und Jugendliche beziehen aus der physischen und psychischen Zuwendung, die sie erfahren, das Rüstzeug für ihre gesamte soziale und emotionale Entwicklung. Erfahrungen von positiv erlebter emotionaler und körperlicher Nähe stärken das Vertrauen in die eigene Emotionalität.

Jugendliche, deren Bezugspersonen ihnen solche Erfahrungen ermöglichen – ein angemessenes Maß an Nähe einerseits vorleben und andererseits mit den Heranwachsenden teilen – weisen in Langzeitstudien stabile Bindungsmuster auf. Sie sind in der Lage, zu mehreren Bezugspersonen Bindungen aufzubauen und auf diese Weise auch vergangene negative Erfahrungen zu kompensieren.

Emotionale und körperliche Nähe sind somit tragende Bestandteile gelingenden Aufwachsens und unverzichtbare Voraussetzung für die Entwicklung einer sicheren Bindung sowie einer stabilen Persönlichkeit.

Für Jugendliche besteht die Entwicklungsaufgabe darin, bisherige soziale Interaktionsmuster zu überprüfen und sich neue Formen der Nähe zu erschließen. Sie beobachten andere in ihrem Verhalten – übernehmen manches, modifizieren und verwerfen anderes – und entwickeln daraus ihren persönlichen Stil sozialer Interaktion.

Passt es noch,

- sich beim Wiedersehen zu umarmen?
- sich zur Begrüßung auf die Wange zu küssen?
- sich anerkennend auf die Schulter zu klopfen?
- sich zum Trost in den Arm zu nehmen?
- bei einem Wutausbruch zu halten oder gehalten zu werden?

In allen Phasen der Entwicklung eines Kindes muss neben verbaler Interaktion auch emotionale und körperliche Zuwendung stattfinden. Denn nur dadurch gewinnt ein Säugling Urvertrauen, geht ein Kleinkind gestärkt aus der Trotzphase hervor, entwickelt ein Schulkind Freiheit und Kreativität, kombiniert mit Ehrgeiz und Disziplin und macht der pubertierende junge Mensch eigene Erfahrungen von Liebe, geschlechtlicher Identität, Unabhängigkeit, Stärke, Macht und Lebenssinn.

Es heißt, der deutsche Kaiser Friedrich II. (1194 –1250) wollte aus wissenschaftlicher Neugier in einem Experiment die Ursprache des Menschen herausfinden. Zu diesem Zweck befahl er Pflegerinnen, Säuglinge zwar zu stillen und zu pflegen, aber Reden, Zärtlichkeiten und Liebkosungen zu unterlassen. In der Folge sollen alle Kinder an diesem Mangel gestorben sein.

2 Lebenswelt Heimerziehung – verdichtete Problemlagen

- Nach einem Suizidversuch kommt eine 14-jährige Jugendliche zunächst in die kinder- und jugendpsychiatrische Klinik, berichtet dort von frühen sexuellen Übergriffen durch den Großvater und wird schließlich in eine Wohngruppe der Jugendhilfe vermittelt.
- Eine andere Jugendliche wurde vom damaligen Partner ihrer Mutter misshandelt, als sie sechs Jahre alt war. Gegen die Mutter und die beiden Brüder wurde ebenfalls Gewalt ausgeübt. Die Mutter ist psychisch erkrankt und kann sich nicht allein um ihre Kinder kümmern. Die drei Geschwister kommen zunächst in Pflegestellen und dann in verschiedenen Heim- und Wohngruppen unter.
- Bei einem neunjährigen Jungen, der in eine Außenwohngruppe aufgenommen werden soll, ist der Vater inhaftiert, die Mutter hat die Familie verlassen.

Die zufällige Auswahl von Aufnahmeanlässen verdeutlicht, welchen traumatischen Erlebnissen Kinder und Jugendliche vor der Aufnahme in Heim- oder Wohngruppen ausgesetzt waren.

Gewalterfahrung, Bindungsverluste, schwere psychische Störungen, Sucht, Dissozialität und Verwahrlosung gehören beinahe regelhaft zur

Vorgeschichte, und zwar nicht nur in den spezialisierten therapeutischen Einrichtungen oder Intensivgruppen.

Aktuelle Untersuchungen zur Häufigkeit psychischer Auffälligkeiten im Kindes- und Jugendalter beschreiben bei etwa 20 Prozent aller Kinder und Jugendlichen im Alter bis 18 Jahre psychische Belastungen, bei 5 bis 7 Prozent davon in einem behandlungsbedürftigen Ausmaß. Während der Anteil der unter 20-Jährigen an der Gesamtbevölkerung in den Jahren 2000 bis 2008 um 10 Prozent zurückgegangen ist, sind im gleichen Zeitraum die stationären Behandlungsfälle in der Kinder- und Jugendpsychiatrie um 37 Prozent gestiegen.

So verwundert es nicht, dass sich auch in den teilstationären und stationären Erziehungshilfeeinrichtungen die psychischen Störungen häufen. Nationale und internationale Studien zeigen eine Prävalenzrate von 50 bis 70 Prozent – Zahlen, die von den Fachkräften in den meisten Heim- und Wohngruppen sicher spontan bestätigt werden können. Am häufigsten finden sich hyperkinetische Störungen, Störungen des Sozialverhaltens, Angststörungen und depressive Tendenzen.

Auch bei den Kindern und Jugendlichen ohne psychiatrische Symptome (ca. 40 Prozent) ist die Beziehungsgeschichte häufig stark belastet. Nicht selten sind hier Verwahrlosung, seelische oder körperliche Misshandlung und/oder sexuelle Gewalt der Grund für die Heimaufnahme; teilweise verbergen sich die erlebten Traumata hinter der vordergründigen Problematik. Häufig lassen sich die erlittenen Bindungsdefizite bis in die frühe Kindheit zurückverfolgen. Kinder im stationären Jugendhilfekontext – bereits psychisch auffällig oder nicht – waren im Regelfall aversiven Lebensbedingungen kumulativ ausgesetzt.

Die erlebten Beeinträchtigungen in der Entwicklung von Bindungen, Beziehungen und der familiären Kontaktgestaltung bleiben selten ohne Folgen. Häufig äußern sich diese in distanzlosem oder sexualisiertem Verhalten. Auch das Austesten der Beziehungen zu den Mitarbeitern (Mal sehen, was du aushältst, ob du mich wirklich magst!) gehört zu dieser Dynamik. Andere Kinder und Jugendliche sind so verunsichert und eingeschüchtert, dass es lange dauert, bis sie der neuen Umgebung mit ihren von Respekt getragenen Beziehungsangeboten trauen und wieder Nähe zulassen können.

Hinsichtlich einer professionellen Beziehungsgestaltung im Spannungsfeld von Nähe und Distanz befinden sich die Mitarbeitenden der Gruppen in einer schwierigen Situation: Immer mehr Kinder und Jugendliche sind an Leib und Seele versehrt und benötigen einen Schutz- und Schonraum. Demgegenüber sind nicht traumatisierte Kinder und Jugendliche in der Minderheit und können den beeinträchtigten, durch körperliche oder sexuelle Gewalt Verletzten kaum Vorbild sein oder Gelegenheit zu alternativer Erfahrung bieten. Viele Kinder haben keine Vorstellung von einem angemessenen Verhältnis zwischen Nähe und Distanz – sie können nicht auf altersgerechte positive Erfahrungen von Nähe zurückgreifen.

Wenn für diese Kinder keine nahen, unterstützenden Beziehungen zu Erwachsenen zur Verfügung stehen, setzen sie sexuelles Verhalten als Strategie ein, um mit anderen Kindern in Verbindung zu treten. Sie nutzen ihre sexuelle Aktivität, um Gefühle von Verlassenheit, Schmerz, Trauer, Angst und Hoffnungslosigkeit zu bewältigen und finden ähnlich einsame Kinder, die bereit sind, sich mit ihnen sexuell zu betätigen. Junge Menschen, die sexuelle Gewalt erfahren haben, kompensieren ihre Verletzungen nicht selten, indem sie selbst übergriffig werden. Es kommt zu sexuellen Grenzverletzungen und Gewaltausübungen unter den Kindern und Jugendlichen.

Das pädagogisch-therapeutische Milieu der Heimgruppe, das in der Intensität des Zusammenlebens häufig familiären Verhältnissen nahe kommen will, steht unter einem großen Druck. Kinder mit sexuellen Verhaltensauffälligkeiten lösen bei Erwachsenen leicht negative Gefühle aus, die der Entwicklung einer positiven Erwachsenen-Kind-Bindung im Wege stehen. Damit besteht die Gefahr, dass diese Kinder erneut mit einem erwachsenen Reaktionsmuster aus Ablehnung und Zurückweisung konfrontiert werden. Gerade vor diesem Hintergrund braucht es legitime Orte für eine entwicklungsfördernde Befriedigung des Bedürfnisses nach Zärtlichkeit und Berührung. Oder sollten Kinder genau das, was sie aufgrund ihrer belastenden Vorgeschichte am meisten benötigen, auch im Rahmen der Kinder- und Jugendhilfe nicht bekommen?

„Heimerziehung soll Kinder und Jugendliche durch eine Verbindung von Alltagserleben mit pädagogischen und therapeutischen Angeboten in ihrer Entwicklung fördern" (SGB VIII § 34). Grundbedürfnisse nach emotionaler Nähe in verlässlichen Beziehungen sind bei Kindern und Jugendlichen in Heim- und Wohngruppen stark ausgeprägt. Die zentrale pädagogisch-therapeutische Aufgabe besteht darin, in einer Umgangskultur der Achtsamkeit und des gegenseitigen Respekts verlässliche und sichere, Geborgenheit vermittelnde Beziehungen zu ermöglichen. Wenn dies gelingt, eröffnen sich im Alltag einer Heimgruppe Chancen, alte Verletzungen zu heilen und alternative Lebenserfahrungen zu machen.

Das Heim als Lebenswelt muss Kindern und Jugendlichen neue Beziehungserfahrungen ermöglichen und sie dadurch befähigen, ihr Leben eigenverantwortlich zu gestalten. Verletztes Vertrauen und ausgenutzte oder auch vermisste Nähe müssen aufgearbeitet und durch neue Erfahrungen ersetzt werden. Eine bewusste und verantwortliche Regulation von Nähe und Distanz, die nach Alter, Geschlecht, Entwicklungsstand und nach dem Ausmaß traumatischer Erfahrungen der Kinder und Jugendlichen differenziert, ist deshalb unerlässlich.

„Bei der Gestaltung von alltäglichen Beziehungen kann es nicht pädagogisches Ziel sein, dass Berührungen tabuisiert werden. Körperkontakt entspricht dem existentiellen menschlichen Bedürfnis nach Nähe, Ausdruck und Anerkennung. Körperkontakt aus Angst vor Missbrauch zu vermeiden, hieße, die entwicklungsfördernde Kraft, die in gelebter verantwortungsvoller Beziehung liegt, nicht anzuerkennen." (Aus: Handreichung „Prävention von sexualisierter Gewalt an Kindern, Jugendlichen und jungen Erwachsenen", hg. von der Kommission für Erziehung und Schule der Deutschen Bischöfe von 201

3 Pädagogischer Alltag im Spannungsfeld von Nähe und Distanz

Aufgrund der verdichteten Problemlagen in der Heimerziehung und der unterschiedlichen persönlichen Haltungen der einzelnen pädagogischen Fachkräfte stellt die Auseinandersetzung mit dem Thema Nähe und Distanz eine besondere Herausforderung für alle Beteiligten dar.

In der Praxis gibt es unterschiedliche Einschätzungen, wie viel Nähe für die Entwicklung des jeweiligen Kindes oder Jugendlichen förderlich und wie viel Distanz notwendig ist. Abhängig von ihrer Persönlichkeit und bisherigen Geschichte reagieren Kinder und Jugendliche auf Nähe und Distanz sehr unterschiedlich – was dem einen gut tut, kann dem anderen schaden.

Grundsätzlich muss das Nähe- und Distanzverhältnis individuell ausgestaltet werden. Hier sind Vorerfahrungen des einzelnen Kindes beziehungsweise Jugendlichen ebenso zu berücksichtigen wie Erkenntnisse aus der Diagnostik und der Hilfe- und Erziehungsplanung.

Die individuelle Arbeit mit den Kindern und Jugendlichen findet in einem im Vorfeld definierten Rahmen statt. Dafür notwendig sind Abstimmung und offene Kommunikation zwischen allen Beteiligten, insbesondere mit den Kindern und Jugendlichen.

Der einrichtungsspezifische Verhaltenskodex definiert allgemeine Rahmenbedingungen. Er gibt den Erwachsenen Orientierung, was gewünscht und erlaubt ist, wo Grenzen zu respektieren sind und was unzweifelhaft untersagt ist. Auch die Kinder und Jugendlichen erfahren dadurch Sicherheit und werden zu angemessenem Kontaktverhalten angeleitet. Sie werden in ihrem Recht gestärkt, das für sie angemessene Maß von Nähe und Distanz gestalten und einfordern zu können.

Viele Teams verfügen über individuelle gruppenspezifische Verhaltensregeln, die sicherstellen, dass die konkrete Beziehungsarbeit angemessen gestaltet wird. Der regelmäßige konstruktive Austausch im Team, unterstützt durch Supervision, Coaching und externer Beratung, ist besonders wichtig und stellt eine wertvolle Ressource dar. In einer offenen Kommunikationskultur erfährt der Einzelne Unterstützung durch positive und auch kritische Rückmeldungen von Kolleginnen und Kollegen. Besonders herausfordernde Situationen müssen gemeinsam reflektiert und bearbeitet werden, z.B. zielgerichtete sexuelle Wünsche von Kindern und Jugendlichen.

Ebenso wichtig ist der Austausch und die Abstimmung mit dem Herkunftssystem, bleiben die Eltern doch in der Regel auch während der Unterbringungszeit die wichtigsten Bezugspersonen ihrer Kinder. Bei fehlender Zusammenarbeit besteht die Gefahr, dass Kinder in Loyalitätskonflikte mit den Eltern verstrickt und dadurch in der Beziehungsaufnahme gehemmt werden.

Gelingt es dagegen, das Vertrauen der Eltern zu gewinnen und Konkurrenz zu reduzieren, fällt es diesen leichter, gute Beziehungen ihrer Kinder zu den Mitarbeitenden zu akzeptieren und wohlwollend zu betrachten.

Unter Umständen sucht das Team den Kontakt zum Jugendamt und anderen beratenden Diensten und Einrichtung um Handlungssicherheit zu gewinnen.

Gelingende Beziehungsarbeit, die durch Nähe, Zärtlichkeit und Körperlichkeit gekennzeichnet ist, benötigt im pädagogischen Alltag ein hohes Maß an Empathie und die Fähigkeit des einfühlenden Verstehens. Erkennen Mitarbeiter, was das einzelne Kind beziehungsweise der Jugendliche fühlt, so können sie frühzeitig Signale im Verhalten begreifen und herausfinden, was der junge Mensch benötigt. Dabei werden Selbstbehauptungssignale der Kinder beachtet, aber auch achtsam Grenzen gesetzt.

Wenn Erziehende in den Begegnungssituationen mit Kindern und Jugendlichen Unsicherheit verspüren, ist es sinnvoll, kurz innezuhalten und die Situation aus der Distanz zu betrachten, um sich bewusst für eine Vorgehensweise zu entscheiden. Häufig gelingt dies in der akuten Situation jedoch nicht. Dann ist es hilfreich, sich im Nachhinein nochmals mit dem Erlebten auseinanderzusetzen, um für zukünftige Situationen eine klarere Haltung zu entwickeln.

Mögliche Fragen für die Selbstreflektion:

- ✓ Von wem geht die Initiative aus?
- ✓ Ist mein Verhalten für das Kind in Ordnung?
- ✓ In welcher Beziehung stehe ich zum Kind?
- ✓ Welchen Wunsch hat das Kind?
- ✓ Welches Bedürfnis steht hinter dem Wunsch des Kindes?
- ✓ Ist es angemessen, dem Wunsch des Kindes zu entsprechen?
- ✓ Will ich dem Wunsch des Kindes entsprechen?
- ✓ Was ist meine Motivation, auf den Wunsch einzugehen?
- ✓ Würde ich auch anderen Kindern diesen Wunsch erfüllen?
- ✓ Was bedeutet es für die anderen Kinder, wenn ich auf den Wunsch des Kindes eingehe?
- ✓ Würde ich mich anders verhalten, wenn ein Dritter zuschauen würde?
- ✓ Ist mein Verhalten mit dem Team abgestimmt?
- ✓ Was würde mein Team zu meinem Verhalten sagen?

Beispiele aus dem pädagogischen Alltag

Im Folgenden werden zum besseren Verständnis und zur Verdeutlichung konkrete Einzelsituationen aus dem Alltag der Heimerziehung beschrieben.

Beispiel 1: Alina hat einen wunden Po

Die dreijährige Alina lebt in einer alters- und geschlechtsgemischte Gruppe von zehn Kindern und Jugendlichen, die vor allem aus jüngeren Kindern, zum Teil im Vorschulalter, besteht. Sie trägt noch Windeln und durch eine Durchfallerkrankung hat sich ihr Genitalbereich entzündet. Po und Scheide müssen mehrmals täglich eingecremt werden, und dafür ist es notwendig, dass die Erzieherin Alina im Genitalbereich berührt.

Die pädagogischen Fachkräfte befinden sich im Spannungsfeld von hygienisch-medizinischer Notwendigkeit und möglicherweise fehlgeleiteten Fantasien anderer Kinder der Gruppe. Sie stehen vor der Aufgabe, das Kind einerseits mit dem notwendigen Taktgefühl, andererseits auch mit möglichst viel Unbefangenheit zu berühren, um dadurch die Normalität ihres Tuns zu unterstreichen. Sie ziehen sich mit dem Kind respektvoll aus der Gruppenöffentlichkeit zurück und achten gleichzeitig darauf, jeden Verdacht auf Heimlichkeit zu vermeiden.

Das Team setzt sich mit diesen alltäglichen Aufgabenstellungen auseinander und diskutiert Entscheidungskriterien, die für den jeweiligen Fall berücksichtigt werden müssen: So kann etwa das Eincremen der wunden Scheide eines kleinen Mädchens so selbstverständlich sein, dass es keinen Gesprächsbedarf gibt; bei entsprechenden Bemerkungen von anderen Kindern der Gruppe kann es sich dagegen als nötig erweisen, ihnen den Sachverhalt deutlich zu erklären. Im Interesse des betroffenen Kindes ist es wichtig zu entscheiden, wer das Eincremen übernimmt. In einer Schichtdienstgruppe könnte es beispielsweise sinnvoll sein, eine Praktikantin anzuleiten, die im Gegensatz zum Stammpersonal jeden Tag um die gleiche Zeit im Dienst ist.

Unverzichtbar ist es, die Ergebnisse der Auseinandersetzung im Team schriftlich festzuhalten, ebenso einen Vermerk über die konkrete Maßnahme in der Tagesdokumentation.

Das Thema Körper- und Gesundheitspflege muss Bestandteil der Einarbeitung von Praktikantinnen und Praktikanten sowie neuen Mitarbeitenden sein.

Beispiel 2: Timo geht ins Bett

Der achtjährige Timo lebt in einer Intensivgruppe einer Jugendhilfeeinrichtung, die aus sieben zum Teil traumatisierten Jungen im Alter von sechs bis zwölf Jahren besteht. Das Verhaltensspektrum der Kinder ist breit: Timo ist ständig auf der Suche nach körperlicher Nähe; beim Schlafengehen kann er sich von der Erzieherin nur schwer trennen und bettelt um weitere Umarmungen. Der zehnjährige Kevin verhält sich in der gleichen Situation ganz anders – er erträgt es nicht, wenn die Erzieherin ihn umarmen möchte.

Die Einschlafsituation ist in der Regel geprägt von körperlicher Nähe. Das Kind erfährt liebevolle und zärtliche Zuwendung: es wird von der Erzieherin zugedeckt, gestreichelt, in den Arm genommen.

Bei einem sehr distanzlosen Kind geht es um Begrenzung. Seinem unstillbaren Wunsch nach Nähe kann nicht entsprochen werden. Es muss lernen, ein adäquates Nähe-Distanz-Verhältnis zu entwickeln. Aber auch die Erzieherin muss sich zu ihrem eigenen emotionalen Schutz abgrenzen. In der Gestaltung der Beziehung ist es unerlässlich, als Mensch authentisch zu bleiben.

Die Zu-Bett-Geh-Situation kann ebenso durch die Angst des Kindes vor körperlicher Nähe gekennzeichnet sein. Die Erzieherin wird versuchen, das Kind zu vorsichtiger Nähe zu ermutigen. Je nach Situation versucht sie, ein wenig Körperkontakt zu schaffen, z.B. durch die Berührung eines Arms. Vorstellbar ist auch, das Vertrauen des Kindes zunächst durch das Vorlesen einer Geschichte oder die Einladung zur Tagesreflektion zu gewinnen, bevor körperliche Nähe überhaupt möglich wird. Hier ist es notwendig, sehr sensibel auf nonverbale Impulse zu reagieren und zu erspüren, ob sich das Kind mehr Körperkontakt wünscht, sich aber nicht traut, seinen Wunsch zu zeigen.

Im Team wird über die individuell sehr unterschiedliche Ausgestaltung der Einschlafsituation vor dem Hintergrund der jeweiligen Entwicklungsgeschichte des Kindes gesprochen. Abgestimmte Regeln begrenzen die individuelle Gestaltung, z.B. dass die Zimmertür geöffnet bleibt. Solche Regeln schaffen Sicherheit und Klarheit, außerdem dienen sie dem Schutz der Mitarbeitenden vor übler

Nachrede. Absprachen werden dokumentiert; auf eine authentische Beziehungsgestaltung wird geachtet. Die Gefühle und Grenzen der Mitarbeitenden werden angemessen berücksichtigt.

Beispiel 3: Max will eine Entspannungsmassage

Der sechzehnjährige Max lebt in einer geschlechtsgemischten Gruppe, die aus sechs Jugendlichen mit unterschiedlichen Diagnosen, u.a. Asperger-Autismus besteht. Es gibt fünf pädagogische Fachkräfte, von denen eine regelmäßig mit den Jugendlichen Yoga übt und Entspannungsmassagen durchführt. Max äußert das Bedürfnis, abends an Rücken und Kopf massiert zu werden, um sich entspannen und einschlafen zu können.

Ob die Pädagogin dem Wunsch nachkommen kann, hängt von verschiedenen Faktoren ab. Geprüft wird, ob das Massieren des Jungen für sie persönlich und auch für das Team verantwortbar ist. Es wird diskutiert, welche Erwartungen der Jugendliche mit der Massage verbindet, ob seine Beeinträchtigungen dadurch möglicherweise reduziert werden, ob die Beziehung diese Art körperlicher Nähe zulässt und ob die Massage besser von einer Frau oder einem Mann durchgeführt werden sollte.

Darüber hinaus wird über Rahmenbedingungen diskutiert, z.B. ob die Zimmertür offen oder geschlossen sein soll oder ob mit den anderen Gruppenmitgliedern über die Massage gesprochen wird. Es gilt, jeglichem Eindruck von Heimlichkeit durch Offenheit und Transparenz entgegenzuwirken.

Beispiel 4: Chantal möchte einen Begrüßungskuss

Die fünfzehnjährige Chantal lebt in einer alters- und geschlechtsgemischten Regelgruppe bestehend aus neun Jugendlichen. Ein Teil der Mädchen begrüßt sich untereinander mit Wangenkuss. Chantal möchte auch ihren Erzieher in dieser Form begrüßen.

Dieser Wunsch kann unterschiedlich interpretiert werden: Ist er Ausdruck ehrlicher Zuneigung? Ist die Jugendliche verliebt und versucht auf diesem Weg, Nähe zu erreichen? Versucht sie, ihren Erzieher „anzumachen“?

Der Pädagoge überprüft seine eigene Haltung: Ist eine solche Begrüßung für ihn persönlich in Ordnung? Was löst ein solches Verhalten bei den anderen Jugendlichen aus? Fühlen sich Jugendliche benachteiligt, zurückgesetzt oder gekränkt? Sollten alle Jugendlichen gleich behandelt werden? Macht er sich angreifbar?

Es kann sinnvoll sein, dem Wunsch des Mädchens zu entsprechen, weil der Umgang miteinander als stimmig erlebt wird. Voraussetzung ist eine vertrauensvolle Beziehung, die von Respekt und Zuneigung geprägt ist. Auch müssen die unterschiedlichen Rollen – Erzieher auf der einen und Schutzbefohlene auf der anderen Seite – für alle Beteiligten klar und eindeutig sein.

Es kann genauso sinnvoll sein, den Wunsch des Mädchens abzulehnen: wenn dieser nicht zum alltäglichen Umgang in der Gruppe passt, wenn Hintergründe nicht eindeutig zu bestimmen sind oder wenn der Begrüßungskuss für den Pädagogen persönlich nicht vorstellbar ist.

Der Austausch im Team klärt Positionen und Haltungen, definiert Regeln, gibt Rückhalt und sorgt für Transparenz. Im Umgang von männlichen Fachkräften mit jugendlichen Mädchen und umgekehrt ist es wichtig sicherzustellen, dass Nähe in angemessener Form Ausdruck findet, bei gleichzeitigem Schutz aller Beteiligten.

4 Mitarbeiter zwischen Anforderungen und Möglichkeiten

In den Einrichtungen der Erziehungshilfe arbeiten Menschen mit unterschiedlichster Qualifikation und Erfahrung. Noch unterschiedlicher als die beruflichen Qualifikationen sind die persönlichen Lebenswelten der Mitarbeiter, die in einer Wohngruppe eine gemeinsame Aufgabe erfüllen. Diese fachliche und menschliche Vielfalt stellt eine überaus wirksame Ressource zur Gestaltung von Beziehungen im Heimalltag dar.

Junge, frisch von der Ausbildung kommende Menschen arbeiten neben langjährigen erfahrenen Mitarbeitern. Die einen sind noch weit entfernt von der Gründung einer eigenen Familie, die anderen bereits erfahrene Eltern. Die Unterschiedlichkeit der persönlichen Lebenswelten ist eine Chance – sie kann aber auch zu einer Gefahr für das pädagogische Handeln werden.

Chancen entstehen, wenn Mitarbeiter sich ihrer eigenen Sozialisation bewusst sind und ihre Stärken und Schwächen kennen. Pädagogisches Handeln ist gefährdet, wenn die Individualität des Einzelnen sich nicht in einen gemeinsamen Kommunikationsprozess einbetten lässt.

Vor dem Hintergrund unterschiedlicher Lebenssituationen und Erfahrungen werden Nähe und Distanz unterschiedlich empfunden und bewertet. Wahrscheinlich herrscht Einigkeit darüber, dass eine Ohrfeige einen körperlichen Übergriff darstellt – bei einer verbalen Auseinandersetzung dagegen ist eine einheitliche Bewertung nicht selbstverständlich. Was der eine als deutliche und klare Sprache bezeichnet, stellt für den anderen eine Missachtung der Würde dar. Sich dieser unterschiedlichen Bewertungen bewusst zu sein, ist eine Anforderung an Mitarbeitende der Jugendhilfe.

Pädagogische Fachkräfte müssen in der Lage sein, ihre eigenen Wünsche, Möglichkeiten und Grenzen im Umgang mit Kindern und Jugendlichen zu erkennen. Ebenso müssen sie die Wünsche, Möglichkeiten und Grenzen des jeweiligen Kindes spüren und respektieren und sich darüber mit ihrem Team auseinandersetzen

Pädagogen müssen zwischen persönlichen Zeichen der Wertschätzung gegenüber einem Kind und der Umsetzung von im Team vereinbarten Handlungsmustern unterscheiden – beide Normen sollten im professionellen pädagogischen Alltag handlungsleitend sein.

Daraus ergibt sich die Forderung nach einer reflektierten Vorgehensweise, die einerseits auf einer Klärung der eigenen beruflichen Rolle im Kontext der jeweiligen Einrichtung beruht, andererseits auf der Auseinandersetzung mit den Ressourcen und Begrenzungen der eigenen Biographie.

Wichtig erscheint ebenfalls, dass wir als Erzieher Kindern einen angemessenen Umgang mit Nähe und Distanz vorleben. Dafür ist eine Teamkultur notwendig, in der es Raum gibt für Ängste, Wut, Freude, Resignation und Mut – eine Kultur, in der die Auseinandersetzung mit Gefühlen möglich und erwünscht ist.

Den Rahmen für eine solche Kommunikationskultur bildet die jeweilige Einrichtung. In einer offenen und transparenten Atmosphäre, in der die Partizipation von Kindern und Jugendlichen wichtig ist und ihre Rechte einen Grundwert darstellen, in der Beschwerden von Kindern und Jugendlichen gehört werden und die individuelle Erziehungs- und Bildungsplanung im Mittelpunkt steht – in einer solchen Atmosphäre sind Nähe und Distanz so lebbar, dass alle Beteiligten davon profitieren.

Erzieher werden zur Ressource wenn sie

1. ihre eigenen Wünsche, Möglichkeiten und Grenzen und die der Kinder kennen und kommunizieren können,
2. innerhalb ihrer Organisation Strukturen und Abläufe einfordern, die ihnen und den Kindern Sicherheit in Bezug auf Nähe und Distanz geben,
3. den Mut besitzen, Grenzüberschreitungen zu benennen.

5 Starke Kinder und Jugendliche

In der Erziehung von Kindern und Jugendlichen gehören körperliche und emotionale Zuwendung und der Schutz vor körperlicher und sexueller Gewalt zusammen. Damit eine solche Erziehung gelingt und Kinder zu starken und selbstbewussten Menschen heranwachsen, haben sich verschiedene Haltungen und Strategien als wirkungsvoll erwiesen: die Achtung von Kinderrechten, Partizipation, Beschwerdemanagementsysteme und sexuelle Aufklärung.

Grundlegende Schutzfaktoren sind Systeme der Beteiligung und Partizipation von Kindern und Jugendlichen. Diese setzen sich zum Ziel, die Art der Begegnung zwischen Kindern und Erwachsenen zu verändern: statt hierarchisch von oben nach unten, sollen Erwachsene mit Kindern auf Augenhöhe kommunizieren. Ihrem Entwicklungsstand und ihren persönlichen Fähigkeiten entsprechend, sollen Kinder und Jugendliche an allen sie betreffenden Entscheidungen beteiligt werden. Auf diese Weise erfahren sie Wertschätzung und Bestätigung, was wiederum Selbstwertgefühl und Selbstbewusstsein stärkt. Kinder lernen, ihre Möglichkeiten und Fähigkeiten einzuschätzen und erleben sich als selbstwirksam.

Partizipative Erziehung zielt nicht darauf ab, Kinder und Jugendliche in ihre Schranken zu verweisen. Stattdessen sollen sie Vertrauen in die eigenen Kräfte gewinnen, um ihr Potenzial auszuschöpfen, die eigenen

Möglichkeiten und Grenzen kennenzulernen und mit den Möglichkeiten und Grenzen der Erwachsenen abzustimmen.

Partizipative Erziehung in der stationären Arbeit basiert gleichermaßen auf einer bestimmten pädagogischen Haltung und auf äußeren Strukturen. Die persönliche Begegnung und Auseinandersetzung des Erziehers mit dem Kind muss von Respekt getragen sein; ebenso müssen die Rahmenbedingungen und Regelungen in Gruppe und Einrichtung die angemessene Beteiligung der Kinder und Jugendlichen erlauben.

Das Ziel der Begegnung auf Augenhöhe bezieht sich einerseits auf individuelle Kontakte zwischen Erziehendem und Kind, andererseits auch auf die soziale Interaktion im Gruppenkontext. Kinder- und Jugendparlamente, Beschwerde- und Kontrollgremien oder andere paritätisch besetzte Arbeitsgruppen vertreten die Rechte der Kinder und geben ihnen Selbstvertrauen. Die Atmosphäre in diesen Gruppen muss deutlich machen, dass die Beteiligung von Kindern keine großherzige Gnade der Erwachsenen ist – stattdessen werden mit partizipativer Erziehung die gesetzlich fixierten Rechte von Kindern umgesetzt.

Die Bedürfnisse von Kindern werden durch zahlreiche Rechte geschützt, darunter das Recht auf freie Meinungsäußerung, das Recht auf Familie und Schutz, das Recht auf Fürsorge, das Recht auf Schutz vor Ausbeutung und das Recht auf Entfaltung der Persönlichkeit. Die praktische Umsetzung dieser Rechte sorgt dafür, dass Kinder und Jugendliche einerseits vor seelischer, körperlicher und sexueller Gewalt geschützt werden und dass sie andererseits die Zuwendung, körperliche Nähe und Zärtlichkeit erhalten, die sie für eine gesunde Entwicklung benötigen. Kinder werden stark, wenn wir ihnen im Alltag als gleichwertigen Persönlichkeiten begegnen und wenn unsere Beziehung zu ihnen von Respekt vor ihrer Würde und ihren Rechten getragen ist.

Das bedeutet letztlich, dass nicht wir Erwachsenen es sind, die Kinder stark machen. Wir können sie auf diesem Prozess nur unterstützen, indem wir in ihre Kräfte und Fähigkeiten vertrauen und ihnen als starken Kindern begegnen. Damit Kinder und Jugendliche widerstandsfähig werden gegen jegliche Form von Gewalt, müssen sie ihre eigenen Stärken entwickeln und den Rückhalt der mit ihnen lebenden Erwachsenen erfahren.

Kinder und Jugendliche brauchen die Sicherheit, dass ihre Beobachtungen und Beschwerden genauso ernst genommen werden wie die von Erwachsenen. Deshalb müssen Einrichtungen der Erziehungshilfe neben einem Klima von Aufmerksamkeit, Achtsamkeit und Respekt auch ein System für Beschwerden schaffen, das in einem ausgewogenen Verhältnis zwischen Offenheit und dem Schutz der Persönlichkeitsrechte aller Beteiligter einen transparenten Umgang mit Kritik möglich macht. Damit ein solches System von den Beteiligten angenommen wird, darf es keinen Unterschied machen, ob sich ein Kind oder ein Erwachsener beschwert. Zudem muss klar und erfahrbar sein, dass Beschwerden keine offenen oder verdeckten Repressalien nach sich ziehen oder zu Vorverurteilung führen.

Grundvoraussetzung für ein so gestaltetes Beschwerdemanagement ist eine entsprechende Gesprächs- und Streitkultur in den Einrichtungen. Nur wenn innerhalb eines Teams die kritische Auseinandersetzung mit pädagogischen Haltungen, persönlichen Handlungsweisen und Gruppenregelungen möglich ist, kann dies auch zwischen Erziehenden und Kindern funktionieren.

Kinder werden stark durch eine offene, altersangemessene Sexualpädagogik, die Sexualität als wesentliches Element menschlichen Lebens betrachtet. Ein selbstbewusstes, in Fragen der Sexualität aufgeklärtes Kind ist vor Verletzungen seiner körperlichen Integrität sicherer als ein unaufgeklärtes. Ein sexualpädagogisches Konzept, das sich darin erschöpft, Kindern nur die Fragen zu beantworten, die sie von sich aus stellen, wird dem nicht gerecht.

Für den Aufbau einer starken Persönlichkeit besitzt nach den Erkenntnissen der Resilienzforschung eine stabile Bindung besondere Bedeutung. Um Kinder im stationären Setting stark zu machen, ist es deshalb wichtig, an tragfähigen Bindungen und Beziehungen zu arbeiten, diese aufzubauen und zu stabilisieren. Eine tragende Rolle spielen dabei die Zuständigkeitsregelungen innerhalb der Gruppen, zum Beispiel das Bezugserziehersystem als Möglichkeit der Bindungsfestigung.

Darüber hinaus besteht ein wesentlicher Auftrag in der Pflege der Beziehungen zwischen Kind und Herkunftsfamilie. Im Idealfall wird durch eine die Persönlichkeit des Kindes stärkende und stützende Elternarbeit ein kollegiales Zusammenwirken von Eltern und Erziehenden möglich.

6 Kultur und Struktur – Verantwortung von Träger und Leitung

Um für den Schutz von Kindern und Jugendlichen förderliche Bedingungen zu schaffen, ist ein professioneller Umgang mit Nähe und Distanz in stationären Einrichtungen der Erziehungshilfe unbedingt notwendig.

Träger und Leitung tragen die Verantwortung dafür, dass in ihren Einrichtungen geeignete Strukturen erarbeitet und eine förderliche Kultur des Miteinanders gelebt wird.

Die Mitarbeiter benötigen für ihr professionelles Handeln ein Sicherheitsnetz aus Regeln und Strukturen – denn die Ausbalancierung von Nähe und Distanz bleibt ein sensibles Thema, dem man sich ohne Naivität nähern sollte. Bei allem Bemühen um einen vertrauensvollen Umgang zwischen Kindern und Erziehenden, um gute Regelungen und tragfähige Strukturen, wird es doch immer wieder Störungen geben, im Extremfall in der Form von Anschuldigungen gegenüber Erziehenden über angewandte sexuelle Gewalt. Im Umgang mit solchen Vorwürfen beziehungsweise Verdachtsmomenten sind vorab festgelegte Handlungsalgorithmen unerlässlich. Mitarbeitende müssen wissen, wie sich Leitung und Träger in solchen Fällen verhalten werden.

Die Anschuldigung ist zunächst als subjektiv empfundene Wahrheit des Betroffenen zu werten; gleichzeitig darf der Beschuldigte nicht vorverurteilt werden. Für Teilnehmerinnen und Teilnehmer an einer Arbeitstagung zu diesem Thema war der eigene Schutz von besonderer Wichtigkeit. Ein Katalog von Standards muss die Regelungen für einen solchen Fall schon vorher festlegen. Nur dann bedeutet beispielsweise eine Suspendierung vom Dienst keine Vorverurteilung – und damit einen nur schwer zu reparierenden Schaden für den Ruf eines zu Unrecht Beschuldigten.

Wesentliche Strukturmerkmale professionellen Handelns in Bezug auf Nähe und Distanz sind:

- ein Leitbild, das als eine verlässliche Grundlage des gemeinsamen Handelns in der Einrichtung die Einzigartigkeit des einzelnen Menschen, seine Würde und seinen Schutz als zentrale Werte betont
- ein Konzept/eine Leistungsbeschreibung, in der neben konkreten Inhalten auch die zur Verfügung stehenden personellen und sachlichen Ressourcen zum Schutz der Kinder vor grenzüberschreitendem Verhalten beschrieben sind
- Achtung und Umsetzung von Kinderrechten mit vielfältigen, auf die Kinder und Jugendlichen und die Einrichtung abgestimmten Beteiligungsmöglichkeiten und einem besonderen Beschwerdemanagement, das Kritik in altersgerechter Weise kommunizierbar macht
- Leitfäden, Verfahrensrichtlinien, Krisenpläne und Checklisten, die bei Vorwürfen von grenzüberschreitendem Verhalten heranzuziehen sind, insbesondere:
  - zum Handlungsablauf bei konkretem Fehlverhalten, einem Verdacht oder einer Anschuldigung
  - zum Umgang mit Opfern und Betroffenen
  - zum Umgang mit Tätern
  - zum Umgang mit unschuldig Beschuldigten
- ein Beschwerdemanagement für Mitarbeiter und Angehörige als geregeltes, transparentes und dokumentiertes Verfahren mit standardisierten Abläufen und benannten Personen innerhalb der Einrichtung oder des Trägers

➢ ein sexualpädagogisches Konzept, das Formen von Sexualität in Bezug auf Alter und Geschlecht beschreibt, Hinweise zur Wahrung der Intimsphäre des Einzelnen gibt und altersgerechte Sexualaufklärung garantiert

Das Thema Nähe und Distanz bleibt für Träger und Leitung teil- und stationärer Einrichtungen eine ständige Herausforderung:

- Es ist ein sehr persönliches Thema, das jeden Mitarbeiter und seine Biographie individuell betrifft.
- Die traumatisierenden Erfahrungen, die Kinder und Jugendliche vor ihrer Aufnahme in die Einrichtung gemacht haben, müssen sehr ernst genommen werden.
- Die Mitarbeiterinnen und Mitarbeiter benötigen Sicherheit und Schutz durch Träger und Leitung, um sowohl im Alltag als auch in besonderen Situationen gelassen und professionell handeln zu können.

7 Runder Tisch 2030 – eine Vision

Stellen wir uns vor, dass im Februar 2030 erneut ein „Runder Tisch Heimerziehung“ ins Leben gerufen wird – so wie von Februar 2009 bis Dezember 2010, als die massiven Verletzungen der Rechte und Würde von Heimkindern in den 1950er und 1960er Jahren aufgearbeitet wurden.

Worum könnte es 2030 gehen? Wahrscheinlich um die Frage, wie sich die Heimerziehung in den Jahren nach 2010 verändert hat und wie die Erkenntnisse des ersten Runden Tisches in die Praxis umgesetzt wurden.

Stellen wir uns vor, dass diesmal nicht die Funktionsträger und Politiker zusammensitzen, sondern vor allem die ehemaligen Heimkinder, die ihre Lebensgeschichten und Erfahrungen zusammentragen und diskutieren.

Was würden diese ehemaligen Heimkinder des Jahres 2030 wohl berichten? Wünschenswert scheint, dass keines von ihnen sich an einen Fall von sexueller Gewalt, an eine Demütigung oder Erniedrigung erinnern kann – eine schöne Vorstellung, die gleichzeitig sehr unrealistisch erscheint. Es wird ganz sicher auch 2030 kritische Stimmen zum Thema Heimerziehung geben.

Was können wir also tun? Wenn wir zu unserer eigenen Geschichte stehen wollen, erfordert dies nicht, dass wir keine Fehler machen. Aber es verlangt, dass wir nach bestem Wissen und Gewissen handeln und dabei alle uns zur Verfügung stehenden Erkenntnisse berücksichtigen.

Wenn wir unser Handeln betrachten, sollten wir sagen können:

Die körperliche und seelische Unversehrtheit der Kinder und Jugendlichen, ihr Schutz vor physischer und psychischer Gewalt, ihr Recht auf körperliche Nähe und Zuwendung und der unbedingte Respekt vor ihrer Meinung und ihren Gedanken haben Vorrang vor allen anderen Faktoren, die mein erzieherisches Handeln beeinflussen.

Tragisch wäre es, wenn die ehemaligen Heimkinder des Jahres 2030 Folgendes berichten würden:

> *„Niemand hat mich in den Arm genommen, auch wenn ich es gerade dringend gebraucht habe."*
>
> *„Es war niemand da, der mir zugehört und mich wirklich getröstet hat."*
>
> *„Die im Heim haben ihre Berichte geschrieben und in Hilfeplangesprächen besprochen, was ihnen wichtig war – aber wie es tatsächlich in mir aussah, hat keinen wirklich interessiert."*
>
> *„Meine Fehler wurden in jedem Teamgespräch lang und breit besprochen, aber wenn ich mal über Fehler von den Erziehern sprechen wollte, durfte ich das nicht."*

In ihrer Handreichung für katholische Schulen, Internate und Kindertageseinrichtungen zur „Prävention von sexualisierter Gewalt an Kindern, Jugendlichen und jungen Erwachsenen" schreiben die deutschen Bischöfe:

> „Die Frage nach der richtigen Balance zwischen Nähe und Distanz stellt in Erziehungs- und Bildungsprozessen eine permanente Herausforderung dar. (...) Einerseits verbietet sich eine ‚kalte' und distanzierte Pädagogik, andererseits kann je nach Situation und Art des Körperkontakts beispielsweise schon eine Umarmung eine sexuelle Grenzverletzung darstellen. Bei der Gestaltung von alltäglichen Beziehungen kann es nicht

pädagogisches Ziel sein, dass Berührungen tabuisiert werden. Körperkontakt entspricht dem existenziellen menschlichen Bedürfnis nach Nähe, Ausdruck und Anerkennung. Körperkontakt aus Angst vor Missbrauch zu vermeiden, hieße, die entwicklungsfördernde Kraft, die in gelebter verantwortungsvoller Beziehung liegt, nicht anzuerkennen."

Im Interesse einer möglichst gesunden Entwicklung der Kinder und Jugendlichen in unseren Heimen wünschen wir allen Kolleginnen und Kollegen Mut, Klugheit und Feingefühl, um die Balance von Nähe und Distanz immer wieder neu herzustellen.

Anhang

Entstehungsgeschichte der Broschüre

Die Aufdeckung der Übergriffe von Kindern und Jugendlichen in der Heimerziehung hat viele tief betroffen gemacht. Es entstand die Forderung nach klaren Aussagen und Vorschriften zur Verhinderung von weiteren Missbrauchssituationen. Neben den Handreichungen der Bischofskonferenz zur Prävention von sexueller Gewalt haben zahlreiche freie und öffentliche Träger, Erklärungen Empfehlungen und Vorschriften herausgegeben und deren Umsetzung veranlasst.[4]

Dies ist ein wichtiger Schritt, den wir als Mitglieder der Fachforumskonferenz III des BVkE unterstützen.

Wir sind von der Wichtigkeit präventiver Maßnahmen zum Schutz vor sexueller Gewalt überzeugt – und gleichzeitig haben uns Beobachtungen von Erziehenden, die sich im Alltag von körperlicher Nähe zu Kindern und Jugendlichen immer mehr distanzieren, nicht mehr losgelassen. Wir fragten uns:

Führt die Einhaltung von Handlungsempfehlungen zur Prävention von sexueller Gewalt zu einem Entzug körperlicher Nähe im pädagogischen Alltag und wirkt somit erneut dem Kindeswohl entgegen?

Wir wollten wissen, was die pädagogischen Fachkräfte selbst darüber denken.

Also luden wir Kolleginnen und Kollegen aus allen Einrichtungen der FK III zu einem zweitägigen „Expertenhearing“ ein. In einem offenen Prozess, unterstützt durch die Methode des „World-Cafés“, erfuhren wir von Dienstanweisungen, Überlegungen, Handlungen, Ängsten und Nöten der Mitarbeitenden im pädagogischen Alltag.

---

4 U.a. auch der BVkE in dem Positionspapier Gewalt ist kein Erziehungsmittel – Würde und Schutz in der Erziehungshilfe. www.bvke.de

Beispielhaft werden hier einige Stimmen dokumentiert:

„Wenn ich das Kind auf den Schoß nehme, kann das einen Verdacht auslösen. Bei meinen eigenen Kindern denke ich mir gar nichts dabei, aber im Team haben wir jetzt beschlossen, es nicht mehr zu machen.“

„Wenn ich das Kind dusche, lasse ich jetzt immer die Tür offen, aber wie ist das dann mit der Intimsphäre?“

„Wir arbeiten mit einer besonderen Risikogruppe und vermeiden jetzt jede körperliche Berührung – wir waren ja im Vorfeld schon vorsichtig, aber jetzt vermeiden wir es ganz.“

„Wir haben beschlossen, dass wir beim Schwimmen nicht mehr mit den Kindern ins Wasser gehen, sondern die Aufsicht vom Beckenrand aus machen, weil sich beim Herumtollen Berührungen auch im Brust- und Genitalbereich nicht vermeiden lassen.“

„In meiner Jugendgruppe fühle ich mich irgendwie nicht mehr sicher; wenn die Mädels mir eins auswischen wollen, weiß ich nicht, ob mein Team und mein Chef hinter mir stehen. Ich suche mir gerade eine andere Stelle.“

„Meine Kollegin ist sofort, ohne dass es ein Gespräch gab, vom Dienst freigestellt worden und deshalb will ich jetzt nur noch im Doppeldienst arbeiten. Ich habe mich in meiner Arbeit noch nie so unsicher gefühlt.“

Durch die Rückmeldungen aus der Praxis fühlten wir uns in unseren Beobachtungen bestätigt: Körperliche Nähe verschwindet mehr und mehr aus dem pädagogischen Alltag. Es schien an der Zeit, sich mit dem Thema Nähe und Distanz intensiv auseinanderzusetzen – die Idee für diese Broschüre war geboren.

Die Autorinnen und Autoren

Volker Abrahamczik
Einrichtungsleiter
Haus St. Stephanus
Jugend- und Behindertenhilfe
Rheydter Str. 209, 41515 Grevenbroich
abrahamczik@haus-st-stephanus.de

Steffen Hauff
Referent im Bundesverband katholischer Einrichtungen und Dienste der Erziehungshilfen e.V. (BVkE)
Karlstraße 40, 79104 Freiburg
steffen.hauff@caritas.de

Josef Theo Kellerhaus
Ltd. Psychologe
Therapeutisches Heim Sankt Joseph im SkF
Wilhelm-Dahl-Str. 19, 97082 Würzburg
Tel. 0931/41 90 454
kellerhaus.theo@skf-wue.de

Stefan Küpper
Direktor
Maria im Tann – Zentrum für Kinder-, Jugend- und Familienhilfe
Unterer Backertsweg 7, 52074 Aachen
Tel. 0241/70 50 560
s.kuepper@mariaimtann.de

Cornelia Raible-Mayer
Leiterin Kinder- und Jugendhilfe,
Stiftung st. franziskus heiligenbronn,
Tulastr. 8, 78052 Villingen-Schwenningen
cornelia.raible-mayer@stiftung-st-franziskus.de

Hans-Otto Schlotmann
Straße der Jugend 12, 04838 Eilenburg
schlotmann-tuebing@gmx.de